BEI GRIN MACHT SICH IHR WISSEN BEZAHLT

AF150017

- Wir veröffentlichen Ihre Hausarbeit,
  Bachelor- und Masterarbeit

- Ihr eigenes eBook und Buch -
  weltweit in allen wichtigen Shops

- Verdienen Sie an jedem Verkauf

Jetzt bei www.GRIN.com hochladen und kostenlos publizieren

Daniela Kuck

Der Umgang von Kindertageseinrichtungen mit den hohen Anforderungen in Bildungsplänen

GRIN Verlag

Bibliografische Information der Deutschen Nationalbibliothek:

Die Deutsche Bibliothek verzeichnet diese Publikation in der Deutschen National-
bibliografie; detaillierte bibliografische Daten sind im Internet über http://dnb.d-
nb.de/ abrufbar.

Impressum:

Copyright © 2013 GRIN Verlag GmbH
Druck und Bindung: Books on Demand GmbH, Norderstedt Germany
ISBN: 978-3-656-62153-9

Dieses Buch bei GRIN:

http://www.grin.com/de/e-book/270661/der-umgang-von-kindertageseinrichtungen-
mit-den-hohen-anforderungen-in

GRIN - Your knowledge has value

Der GRIN Verlag publiziert seit 1998 wissenschaftliche Arbeiten von Studenten, Hochschullehrern und anderen Akademikern als eBook und gedrucktes Buch. Die Verlagswebsite www.grin.com ist die ideale Plattform zur Veröffentlichung von Hausarbeiten, Abschlussarbeiten, wissenschaftlichen Aufsätzen, Dissertationen und Fachbüchern.

Besuchen Sie uns im Internet:

http://www.grin.com/

http://www.facebook.com/grincom

http://www.twitter.com/grin_com

UNIVERSITÄT AUGSBURG

PHILOSOPHISCH-SOZIALWISSENSCHAFTLICHE FAKULTÄT

Professur für Pädagogik der Kindheit und Jugend

Wintersemester 2012/2013

Seminar

Aktuelle Herausforderungen der interkulturellen Pädagogik

Wie gehen Kindertageseinrichtungen mit den hohen Anforderungen, die in Bildungsplänen formuliert werden, um?

Verfasser

Daniela Kuck

Abgabe

31. März 2013

Kuck, Daniela

B.A. Erziehungswissenschaft, 5. Semester

INHALTSVERZEICHNIS   Seite

1   Einleitung   3

2   Die Bildungspläne   3
     2.1   Allgemeines   3
            2.1.1   Konzeption und Inhalt   3
            2.1.2   Bewertung/Fazit   4
            2.1.3   Die Trierer Begleitstudien   4
     2.2   Der bayrische Bildungs- und Erziehungsplan   5
            2.2.1   Allgemeines   5
            2.2.2   Basiskompetenzen   5
            2.2.3   Interkulturelle Erziehung   6
     2.3   Fazit   6

3   ErzieherInnenausbildung   6

4   Professionalisierung der Fachkräfte   7

5   Konkrete Umsetzungsbeispiele   9
     5.1   räumliche Bedingungen   10
     5.2   ErzieherIn-Kind-Interaktion   10
     5.3   Planung/Organisation   11

6   Schlusswort   11

7   Literaturverzeichnis   12

1 Einleitung

Wenn man sich den heutigen Kindergartenalltag anschaut, geht es nicht mehr nur ums spielen, essen, waschen, toben, schlafen. Die Kinder sollen vielfältig gefördert und in ihrer Entwicklung vorangebracht werden, sollen verschiedene Kompetenzen und Fähigkeiten erlernen, sollen auf das Leben in der Gesellschaft vorbereitet werden. Dazu zählt natürlich auch der Umgang mit anderen Kulturen, fremden Sprachen, anderen Sitten und Bräuchen, anderen Hautfarben und Lebensformen. Sie sollen also interkulturell gebildet und sensibilisiert werden. Und das alles schon in Krippe oder Kindergarten.

2 Die Bildungspläne

2.1 Allgemeines

Als Reaktion auf die Ergebnisse der PISA-Studien erstellten alle Bundesländer zwischen 2002 und 2006 Bildungspläne für das pädagogische Arbeiten im Kinder-garten (vgl. Peucker u.a. 2010). Die Bildungspläne lassen sich unterscheiden in die der ersten Generation, in denen eine höhere Bildungsqualität als Ziel festgelegt wurde und der Erziehungs- und Bildungsauftrag in den Kindergärten konkretisiert wurde (vgl. Textor 2010). In den Bildungsplänen der zweiten Generation, wurde eine größere Altersspanne mit ihren Übergängen betrachtet, wobei nicht mehr nur die Kindertageseinrichtung im Vordergrund steht, sondern auch andere Orte des Lernens beachtet werden (vgl. ebd.). Die Erziehung und Bildung sollte im Vordergrund stehen und die Eigenständigkeit des Erziehungs- und Bildungsauftrags wurde betont, gleichzeitig jedoch wurde diskutiert, ob dies nicht zu einer Verschulung führen würde. Es wurde auch kritisiert, dass die frühkindliche Betreuung und Erziehung zu stark auf ihre spätere Nützlichkeit in der Schule und Im Arbeilsleben ausgerichtet ist.

2.1.1 Konzeption und Inhalt

Die Bildungspläne enthalten Elemente des Situationsansatzes und dem soziokonstruktivistischen Ansatz: "[...] jeder Lern- und Bildungsprozess [ist] ein Akt der Selbstbildung" (Wehrmann 2006). Einfluss zeigten auch die Qualitätsdebatten der 1990er Jahre, denn der Staat bzw. die Bundesländer setzten erstmals Standards

3

für die Bildungsarbeit in Kindergärten und geben Impulse für die pädagogische Arbeit in der Praxis.

2.1.2 Bewertung/Fazit

Zentral bleibt natürlich die Frage, was genau sich durch die Einführung der Bildungspläne in den Kindergärten verändert hat. Wichtig ist hierbei zu sagen, dass die Pläne allgemein positiv aufgenommen wurden, da sie auch zu einer Aufwertung des Erzieherberufs geführt haben. Weitere wichtige Punkte sind die Konzeptionsentwicklung, die Arbeit in Kleingruppen, die Raumgestaltung und die Ausgestaltung von Material und Angeboten für die Kinder (vgl. Peucker u.a. 2010). Als grundlegendes Problem gilt jedoch weiterhin die Fülle an Aufgaben durch die Umsetzung der Bildungspläne mit den bestehenden Ressourcen zu bewältigen (vgl. ebd.).

2.1.3 Die Trierer Begleitstudien

Die Trierer Begleitstudien wurden von den Bundesländern Niedersachsen, Rheinland-Pfalz und Schleswig-Holstein in Auftrag gegeben und an der Universität Trier unter der Leitung von Prof. Dr. Michael-Sebastian Honig durchgeführt. Es wurde schriftlich nachgefragt, wie die Bildungspläne von den pädagogischen Fachkräften aufgegriffen und welche Folgen das für die pädagogischen Konzepte vor Ort hatte (vgl. Schreiber 2009).

Die Ergebnisse waren, dass sich in den untersuchten Bundesländern circa die Hälfte der Einrichtungen lediglich in mittlerem Maßen mit den Bildungsplänen befasst hat, nur ein Viertel nutzte die Pläne intensiv für die eigene pädagogische Konzeption, die Fortbildungsangebote und Fachberatungen wurden jedoch als nützlich empfunden (vgl. ebd.). Bei den Eltern hatten lediglich 45 Prozent von dem neuen Bildungsplan gehört, doch speziell die neuen, beispielsweise naturwissenschaftlichen Elemente, wurden von den Eltern als positiv betrachtet. Den Bildungserwartungen der Eltern kommen die Inhalte der Bildungspläne entgegen, wobei die Kommunikation derselben jedoch sehr zu wünschen übrig ließ, denn die Fachkräfte setzten die Pläne nur sehr zurückhaltend im pädagogischen Alltag um.

2.2 Der bayrische Bildungs- und Erziehungsplan

2.2.1 Allgemeines

Zielsetzung des bayrischen Bildungs- und Erziehungsplan ist es, den Fachkräften eine bestmögliche Umsetzung des gesetzlichen Bildungs- und Erziehungsauftrages in den Kindertageseinrichtungen zu ermöglichen. Der bayrische Bildungs- und Erziehungsplan besteht aus Prinzipien, die für die Förderung der kindlichen Lern- und Erziehungsprozesse handlungsleitend sind und Basis-Kompetenzen, die in der frühen Kindheit vermittelt werden sollen (vgl. Fthenakis 2006). Das Hauptanliegen ist die Umsetzung themenübergreifender und -bezogener Förderschwerpunkte, die Basiskompetenzen vermitteln sollen (vgl. ebd.). Weiterhin gibt der Plan einen Kontext vor, in die Bildung und Erziehung von Kindern erfolgt (vgl. ebd.). Dem Plan liegt das Prinzip zugrunde, dass frühes Lernen ein Grundstein lebenslangen Lernens ist und dass nicht der Wissenserwerb, sondern die Vermittlung lernmethodischer Kompetenzen in Vordergrund stehen sollte (vgl. ebd.). Auch die Anerkennung von individuellen Unterschieden, wie Geschlecht, Herkunft, Alter, Lebensweise oder Religion, steht im Mittelpunkt, sowie die Tatsache, dass sozialer Ausgrenzung angemessen zu begegnen ist (vgl. ebd.).

2.2.2 Basiskompetenzen

Den Kindern sollen personale Kompetenzen, Kompetenzen zum Handeln im sozialen Kontext, lernmethodische Kompetenzen und ein kompetenter Umgang mit Veränderungen und Belastungen vermittelt werden (vgl. Fthenakis 2006). Zu den personalen Kompetenzen zählen die Selbstwahrnehmung (Selbstwertgefühl), motivationale Kompetenzen (Selbstwirksamkeit, Neugier), kognitive Kompetenzen (Denk- und Problemlösefähigkeit) und physische Kompetenzen (Grob- und Feinmotorik) (vgl. ebd.). Zu den Kompetenzen zum Handeln im sozialen Kontext zählen soziale Kompetenzen (Empathie), die Entwicklung von Werten und Orientierungskompetenz (moralische Urteilsbildung) und die Fähigkeit und Bereitschaft zur Verantwortungsübernahme und demokratischen Teilhabe (vgl. ebd.). Zur lernmethodischen Kompetenz zählt das Lernen, wie man lernt und unter dem kompetenten Umgang mit Veränderungen und Belastungen versteht man die Widerstandsfähigkeit.

2.2.3 Interkulturelle Erziehung

Die Interkulturelle Erziehung erfüllt ein wichtiges Bildungsziel, indem sie einerseits individuelle Lebens- und Berufschancen eröffnet und andererseits Basiskompetenz für das Miteinander von Individuen, Gruppen und Religionen mit unterschiedlichen kulturellen und sprachlichen Hintergründen ist (vgl. Fthenaktis 2006). Der bayrische Bildungs- und Erziehungsplan formuliert nun konkrete Bildungs- und Erziehungsziele. Die Kinder sollen das selbstverständliche Miteinander von verschiedenen Sprachen und Kulturen erleben und kennenlernen, sollen sich aber auch mit ihrer eigene Herkunft beschäftigen (vgl. ebd.). Die Kinder sollen Distanzen gegenüber anderen Kulturen und Sprachen abbauen und stattdessen eine Offenheit entwickeln (vgl. ebd.). Die Kinder sollen fähig werden, sich in verschiedenen Sprachen auszudrücken und verschiedene Perspektiven einzunehmen (vgl. ebd.). Weiterhin sollten die Kinder sensibilisiert werden für Diskriminierung, Fremdenfeindlichkeit und Rassismus, um diese zu erkennen und bekämpfen zu lernen (vgl. ebd.).

2.3 Fazit

Festgestellt wurde ein hoher Fortbildungsbedarf bei der Implementation der Bildungspläne, insbesondere im mathematisch-naturwissenschaftlichen Bereich, bei der Lernmethodik und der allgemeinen Dokumentation (vgl. Textor 2010). Negative oder positive Auswirkungen der Bildungspläne können nicht nachgewiesen werden, da keine Untersuchungen vor und nach der Einführung der Pläne gemacht wurden (vgl. ebd.). Bei der Sprachförderung von Migrantenkindern und der Kooperation von Grundschule und Kindergarten konnten jedoch große Fortschritte festgestellt werden (vgl. ebd.).

3 ErzieherInnenausbildung

Um eine ErzieherInnenausbildung beginnen zu können müssen bestimmte Voraussetzungen erfüllt sein. Als schulische Voraussetzung muss mindestens ein mittlerer Bildungsabschluss vorhanden sein, in den Bundesländern Bayern und Bremen in Deutsch mindestens die Note befriedigend. Als Berufliche Voraussetzung zählt der Abschluss einer Berufsausbildung im erzieherisch-pflegerischen Bereich. Weitere Bedingungen sind ein ärztliches Gesundheitszeugnis, ein polizeiliches Führungszeugnis, in einzelnen Schulen die Teilnahme an einem Erste-Hilfe-Kurs und in einigen Schulen die entsprechende Konfession. Die Dauer der Ausbildung erstreckt sich auf insgesamt fünf Jahre, die sich aus zwei Jahren Vorbildung und drei Jahren ErzieherInnenausbildung zusammensetzt. In Bayern besteht der Lehrinhalt innerhalb der Ausbildung aus folgenden sieben Lernfeldern: Werte und Werthaltungen, Bildung und Bildungsprozesse, Wahrnehmen, Beobachten und Erklären, Methodisches Handeln, Ästhetische Erfahrung, Ausdruck und Gestaltung, Kommunikation und Interaktion und Kooperation und Koordination.

An den schulischen Teil der Ausbildung schließt sich ein zwölfmonatiges Berufspraktikum an.

Im Lehrplan der ErzieherInnenausbildung in Bayern werden die Lernfelder mit ihren Zielformulierungen, beruflichen Aufgabenstellungen und verbindlichen Fachinhalten nur stichpunktartig beschrieben. Nach eigenen Recherchen ist im Lehrplan jedoch an keiner einzigen Stelle Interkulturalität oder Migration zu finden. Somit liegt es also an jeder Schule oder sogar jeder Lehrkraft selbst, die Inhalte der Lernfelder in Bezug auf die Vermittlung interkultureller Kompetenzen zu interpretieren und umzusetzen. Inwieweit dies in der Praxis passiert, entzieht sich meiner Kenntnis. Auch einen Bezug zwischen dem Lehrplan der ErzieherInnenausbildung und dem bayrischen Bildungs- und Erziehungsplan ist nicht festzustellen.

4 Professionalisierung der Fachkräfte

Dass sich der Anteil von deutschen zu nicht-deutschen Kindern, die den Kindergarten besuchen, in den letzten Jahren angenähert hat zeigt, dass Eltern mit und ohne Migrationshintergrund den Kindergarten gleichermaßen als Betreuungseinrichtung in Anspruch nehmen (vgl. Thole u.a. 2008). Dadurch werden auch die Erwartungen und Ansprüche an ErzieherInnen immer komplexer. Sie müssen die eigene Praxis kritisch reflektieren, beobachten, planen und dokumentieren. Forschungen zeigen jedoch, dass diese Kompetenzen in der Aus- bildung der ErzieherIn nicht ausreichend gefördert werden. Auch die unterschiedlichen Bedingungen des Aufwachsens fordern von den Fachkräften zunehmend eine individuellere und auch präventive Arbeit mit Eltern und Kindern. Auch das im Kinder- und Jugendhilfegesetz vorgegebene Rollenbild der ErzieherIn stimmt nicht mit der gängigen Ausbildungspraxis überein.

Weiterhin zählen Kind- und Familienorientierung, eine individuelle Bedarfsorientierung, die Gemeinwesen-orientierung und der Bildungs- und Dienstleistungsauftrag zu den Aufgaben eines Kindergartens (vgl. Bundesministerium für Familie, Senioren, Frauen und Jugend (Hrsg.) 2003). Die ErzieherIn selbst sollte natürlich auch vielfältige Kompetenzen mitbringen bzw. in ihrer Ausbildung erwerben. Sie sollte naturwissenschaftliche und lernmethodische Kenntnisse vermitteln, die Sprachentwicklung der Kinder begleiten und fördern, an der Konzeption der Einrichtung mitwirken, zu den Eltern eine partnerschaftliche Beziehung aufbauen, die Kinder in ihrer Individualität wahrnehmen, anregen und begleiten und vieles mehr (vgl. ebd.).

Auch die ständige Reflexion und kritische Betrachtung der eigenen Einstellungen und Vorurteile gehört zum Berufsbild der ErzieherIn. Bedarf an qualifizierten Fachkräften besteht auch bei der Beratung der Migranteneltern bezüglich der Erziehung der Kinder zur Mehrsprachigkeit. Auch die Selbstverständlichkeit, dass in Kindergärten anderskulturelle Fachkräfte eingestellt werden ist noch lange nicht vorhanden, deren Präsenz ist jedoch sehr wichtig.

Auch bei der Sprachförderung und der Begleitung der Sprachentwicklung gibt es bis jetzt nur allgemeine, anwendungs- und situationsorientierte Beschreibungen innerhalb der ErzieherInnenausbildung (vgl. ebd.). Es wird kein bestimmtes Modell der Sprachförderkompetenz zugrundegelegt, was natürlich ein weiteres Defizit der Ausbildung darstellt.

Bei der Debatte um die Professionalisierung der ErzieherInnenausbildung steht auch immer wieder die Akademisierung im Raum. Die Robert Bosch Stiftung etablierte an fünf Hochschulen frühpädagogische Studiengänge und seit dem Beginn deren Programm Profis in Kitas stieg die Anzahl der frühpädagogische Studiengänge in Deutschland deutlich. Doch die Akademisierung ließ auch Kritik laut werden. Der Mangel an qualifiziertem Lehrpersonal und der Anspruch der akademisch ausgebildeten ErzieherInnen auf ein höheres Gehalt, lassen die Akademisierung unsinnig erscheinen. Auch die Frage, was mit den derzeitigen ErzieherInnen passieren würde bleibt im Raum. Sollten Sie nachqualifiziert werden? Was würde mit den Lehrkräften an den Fachschulen passieren? Sollten die Schulen geschlossen und die dortigen Lehrkräfte entlassen werden? Und auch die Frage, ob die Qualität der Kinderbetreuung überhaupt verbessert werden würde, bleibt bestehen, denn die

Akademisierung würde bewirken, dass die Praxis mehr in den Hintergrund rückt (vgl.ebd.).

5 Konkrete Umsetzungsbeispiele

Natürlich gibt es vielfältige Möglichkeiten, mit Interkulturalität umzugehen. Aus der Perspektive der Migranten sind Institutionen wie Schule, Kindergarten oder Krippe Institutionen der dominanten Gesellschaftskultur (vgl. Oberhuemer u.a. 2001). Doch wie nimmt die Gesellschaft diese kulturelle Vielfalt wahr?

Zuerst einmal kann kulturelle Vielfalt als Problem wahrgenommen werden. Hier spielen vor allem die Medien eine große Rolle, in denen ein negatives Bild von Migranten, Asyl-Bewerbern, Einwanderern und anderen interkulturellen Themen zeichnen. Eine Globalisierung wird als erwünscht dargestellt, die kulturellen und sozialen Konsequenzen werden jedoch abgelehnt und als negativ empfunden. Und auch in den Kindergärten verbindet man mit Interkulturalität meistens Probleme. Die ErzieherInnen denken zuerst an Sprachschwierigkeiten von Eltern, Kindern oder den ErzieherInnen selbst, falsche Erwartungen der Eltern, Probleme beim Schuleintritt, fehlende Kenntnisse der Kinder oder auch die eigenen mangelhaften Kenntnisse über Herkunftsländer und -kulturen der Kinder und Eltern (vgl. Oberhuemer u.a. 2001). Diese Probleme sind unumstritten vorhanden und dürfen auch nicht ignoriert werden, jedoch sollte immer eine positive Einstellung zur kulturellen Vielfalt eines Kindergartens vordergründig sein.

Kulturelle Vielfalt kann jedoch auch verdrängt, übersehen und unter den Teppich gekehrt werden. Hier wird die Unterschiedlichkeit der Kinder innerhalb einer Gruppe einfach ignoriert und es wird davon ausgegangen, dass die Migrantenkinder sich schon schnell eingliedern werden, unabhängig ihrer Herkunftskultur. Hierbei sollte man jedoch bedenken, dass so die Probleme der Migrantenkinder- und Eltern nicht gelöst werden und auch eine interkulturelle Verständigung erschwert wird, da die Herkunftskulturen der Kinder und Eltern als nicht existent dargestellt werden. Und auch den deutschen Kindern wird so eine völlig falsche Haltung gegenüber anderen Kulturen vermittelt.

Nun zum optimalen Fall kulturelle Vielfalt wahrzunehmen, nämlich als Chance und als Ausganspunkt für Lernprozesse. Hier werden nicht die Probleme in den

9

Vordergrund gestellt und es wird auch nichts ignoriert. Die jeweils gegebene Situation wird als positive Chance gesehen und es wird versucht, interkulturelle Lernprozesse anzuregen und zu fördern. Um dies zu gewährleisten, gibt es in der Praxis verschiedene Möglichkeiten, die im folgenden auszugsweise erläutert werden sollen.

5.1 räumliche Bedingungen

Im gesamten Kindergarten, außen und innen, sollten die Herkunftskulturen der Kinder präsent sein, beispielsweise durch eine Vorstellung aller Kinder im Eingangsbereich, vielleicht durch eine Landkarte und/oder eine Begrüßung in verschiedenen Sprachen. Auch der Speiseplan mit den Bestandteilen des Essens könnte in mehreren Sprachen oder mit Bildern ausgehängt werden. Feiertage und Feste, die in der Einrichtung gefeiert werden, sollten öffentlich zugänglich ausgehangen werden. Im Gruppenraum könnten die Migrationsgeschichten, Sprachen, Dialekte und Nationalitäten mit Fotos der Kinder dargestellt werden. Auch könnte es einen speziellen Bereich geben, in dem fremdsprachige Medien zur Verfügung gestellt werden, in dem es Bilderbücher, Videos o.ä. aus anderen Ländern oder in anderen Sprachen gibt.

5.2 Erzieherin-Kind-Interaktion

Die Erzieherin bzw. der Erzieher sollten das Geschehen in der Gruppe immer aufmerksam beobachten, in Bezug darauf, ob alle Kinder aktiv ins Spiel einbezogen werden. Alle Ausdrucksformen der Kinder sollten wahrgenommen werden, hier sollte besonders beobachtet werden, in welcher Sprache die Kinder ihre Bedürfnisse ausdrücken. Auch der Kontakt der Kinder untereinander und das Konfliktverhalten sollten immer genau beobachtet und interpretiert werden. Die Erzieherin sollte gegenüber allen Familien der Einrichtung eine positive Einstellung zeigen, auf Fragen und Probleme freundlich und kompromissbereit reagieren, auch andere Denkweisen akzeptieren können und kulturelle Widersprüche auszuhalten in der Lage sein. Die Erzieherin sollte immer Respekt und Interesse gegenüber den Herkunftskulturen der Kinder zeigen und versuchen die Herkunftskulturen in den Kindergartenalltag zu integrieren. Mehrsprachigkeit sollte sie wertschätzen und die Kinder positiv bestärken beide Sprachen auch in der Gruppe zu sprechen. Sie sollte Verständigungsschwierigkeiten akzeptieren können und die Kinder positiv bestärken

trotzdem viel zu sprechen. Die Erzieherln sollte die Kinder sprachlich weder unter-
noch überfordern und die Kinder, die nur wenig sprechen, aktiv ins Tagesgeschehen
einbeziehen und bei den Kindern ein Grundverständnis für andere Herkunftskulturen
schaffen. Die Erzieherln sollte darauf achten, grammatikalisch richtig und in
vollständigen Sätzen mit den Kindern zu sprechen, ohne jedoch Worte
überzubetonen. Sie sollte versuchen, aktuelle Ereignisse und Situationen in den
Kindergartenalltag zu integrieren, um die Sprechfreude und Neugier der Kinder
anzuregen.

5.3 Planung/Organisation

Das Team der Kindergarteneinrichtung sollte allen Nationen, Sprachen und
Religionen gegenüber offen sein und alle gleichermaßen würdigen. Interkulturelle
Themen sollten regelmäßig in den Teamsitzungen stattfinden, indem die
Erzieherlnnen beispielsweise über ihre eigenen Vorurteile, Einstellungen und
Meinungen zum Thema diskutieren. Wenn neue Kinder einer anderer Herkunftskultur
eingewöhnt werden sollen, sollten die Mitarbeiter der Einrichtung gemeinsam mit den
Eltern überlegen, wie dem Kind die Eingewöhnung so einfach wie möglich gemacht
werden kann. So könnte sich zum Beispiel eine Erzieherln, die die Sprache des
Kindes spricht, in der ersten Zeit intensiv mit dem neuen Kind beschäftigen. Die
Individuelle Sprachsituation des Kindes und seine Interessen und Fähigkeiten sollten
immer der Ausgangspunkt sein, wenn sprachfördernde Angebote geplant werden
(vgl. Tietze u.a. 2007). Die Erzieherln sollte bereits beim ersten Kontakt mit den
Eltern darüber informieren, welche familienkulturellen Besonderheiten beachtet und
umgesetzt werden können und welche nicht (vgl. Tietze u.a. 2007). Weiterhin ist
wichtig, dass sich die Einrichtung bewusst und aktiv gegen rassistische Gewalt und
Diskriminierungen ausspricht.

6 Schlusswort

Zusammenfassend lässt sich also sagen, dass weder die Anforderungen in der
Erzieherlnnenausbildung noch die Bildungs- und Erziehungspläne auf die
Anforderungen der Praxis abgestimmt sind. Fehlendes Personal, Wissen und
Zeitmanagement führen dazu, dass die Bildungspläne schlichtweg nicht umgesetzt

werden können, obwohl deren Nutzen unumstritten ist. Es muss jedoch eine bessere Übertragung in die Praxis erfolgen.

Eine Akademisierung der ErzieherInnenausbildung ist meiner Meinung nach wenig sinnvoll, da hier die praktische Arbeit zu weit in den Hintergrund rücken würde. Eine Reformierung der Ausbildung ist jedoch definitiv nötig.

7 Literaturverzeichnis

Ulich, M., Oberhuemer, P. & Soltendieck, M. (2001): Die Welt trifft sich im Kindergarten. Interkulturelle Arbeit und Sprachförderung. Weinheim, Basel, Berlin: Beltz.

Tietze, Wolfgang; Viernickel, Susanne (Hrsg.) (2007): Pädagogische Qualität in Tageseinrichtungen für Kinder. Ein nationaler Kriterienkatalog. Berlin: Cornelsen.

Hopp, Holger; Thomas, Dieter; Tracy, Rosemarie (2010): Sprachförderkompetenz pädagogischer Fachkräfte. Ein sprachwissenschaftliches Modell. In: Zeitschrift für Erziehungswissenschaft, 13/2010, S. 609-629.

Amipur, Donja (2010): Vielfalt gestalten im Kindergarten. In: Friedrich Ebert Stiftung (Hrsg.): WISO Diskurs - "Sprache ist der Schlüssel zur Integration". Bedingungen des Sprachlernens von Menschen mit Migrationshintergrund. Bonn: bub.

Thole, Werner; Roßbach, Hans-Günther; Fölling-Albers, Maria; Tippelt, Rudolf (Hrsg.) (2008): Bildung und Kindheit. Pädagogik der Frühen Kindheit in Wissenschaft und Lehre. Opladen: Budrich.

Bundesministerium für Familie, Senioren, Frauen und Jugend (Hrsg.). (2003): Auf den Anfang kommt es an! Perspektiven zur Weiterentwicklung des Systems der Tageseinrichtungen für Kinder in Deutschland. Weinheim: Beltz.

Textor, Martin (2010): Erzieher/innenausbildung: zwischen Akademisierung und Elementarisierung. In: Kindergartenpädagogik – Online-Handbuch.

Textor, Martin (2010): Erziehungs- und Bildungspläne. In: Kindergartenpädagogik - Online-Handbuch.

Schreiber, Norbert (2009): Die Einführung der neuen Bildungspläne in Kindertageseinrichtungen - Ergebnisse von Begleitstudien in drei Bundesländern. In: Diskurs Kindheits- und Jugendforschung, Heft 3, S. 431-437.

Fthenakis, Wassilios E. (2006): Der bayerische Bildungs- und Erziehungsplan für Kinder in Tageseinrichtungen bis zur Einschulung. Weinheim: Beltz.